I tesori magici in Sardegna

ALESSIO SCALAS
WWW.CONTUSU.IT

CONTENUTI

Prefazione   Pg. 1

1   Le origini della leggenda   Pg. 4

2   Come trovare il tesoro   Pg. 9

3   Il custode del tesoro   Pg. 11

4   I rituali   Pg. 14

5   I racconti   Pg. 20

6   I racconti dei lettori di Contusu   Pg. 45

7   Allegato A   Pg. 53

PREFAZIONE

"Quando ero piccola, una bambina, ricordo d'aver fatto un sogno. Sono passati tanti anni ma ancora non lo dimentico.

Mi venne detto, non so da chi, che mi sarei dovuta alzare: sotto un'asse del pavimento, in cucina, si nascondeva un tesoro tutto mio. Ricordo di essermi svegliata nel cuore della notte, con la voglia di andare alla ricerca di quel tesoro. Purtroppo non ebbi il coraggio.

Qualche giorno dopo, in compagnia delle mie sorelle, guardammo sotto quell'asse. Qualcosa c'era. Si trattava di un grosso pezzo di carbone".

Mia nonna mi ha raccontato tante volte questa storia che nemmeno io potrò mai dimenticare. Gli elementi che caratterizzano l'argomento "tesoro" in Sardegna ci sono tutti, me ne sono resa conto da adulta, studiando approfonditamente l'argomento.

C'è il silenzio della notte, c'è mia nonna bambina e quindi innocente, il custode che indica il luogo in cui trovare il tesoro, c'è la sua predestinazione, la necessità di ritrovarlo in solitaria, senza paura, c'è anche la trasformazione del tesoro in materiale altro (qui carbone) nel caso in cui le indicazioni non siano seguite nel momento stesso in cui sono state date.

"Su scusorgiu" in Sardegna è un sogno, secondo molti studiosi giustificato dalla precarietà che ha caratterizzato con abbondanza il vivere dei nostri nonni e dei nostri antenati.

Eppure il desiderio del ritrovamento accomuna tutti, poveri e ricchi, giovani e anziani sottolineando che si tratta di una necessità antica, interiorizzata, semplicemente umana.

Il fascino del ritrovamento di un tesoro nascosto da altri, riservato personalmente a chi lo ritrova, nutre quel desiderio naturale di miglioramento e rapida evoluzione sociale.

Non è un caso che i fortunati che riescono nella missione, piuttosto difficile diciamolo subito, del ritrovamento del tesoro rischiano spesso la pazzia o la morte.

L'arricchimento celere, privo di sacrificio e fatica non è un valore condiviso dalla società sarda e per questo moralmente riprovevole. Nelle leggende e nei racconti viene punito nel modo più ovvio: con la perdita di qualcos'altro, la vita o il senno.

"I tesori magici in Sardegna" è un libro appassionato e dettagliato, una vera e propria guida per il viaggiatore che intenda scoprire gli scintillanti segreti nascosti nel sottosuolo isolano.

Riferimenti storici, bibliografici, geografici si leggono velocemente, le leggende raccontate ti predispongono al sogno e lasciano in bocca il desiderio di andare a scoprire, di persona quella terra fatta di misteri e racconti: la Sardegna.

Ha in sé un altro grande pregio questa piccola operetta: è un libro che ti convince nella lettura di altri libri, per approfondire, per sapere, per scoprire; è un libro che parla di tesori e senza saperlo è lui stesso un piccolo tesoro.

CLAUDIA ZEDDA
www.claudiazedda.it

1 LE ORIGINI DELLA LEGGENDA

La Sardegna è nota in tutto il mondo per il suo mare da favola e per gli ambienti di selvaggia bellezza.

Meno conosciute, ma altrettanto meritevoli di interesse, sono le sue tradizioni millenarie e gli innumerevoli racconti e leggende popolari.

Tra questi, grande rilevanza ricoprono i **racconti sui tesori di origine magica**, ampiamente diffusi in tutta l'isola.

Tali tesori, chiamati in modo diverso a seconda della zona della Sardegna (**Scraxoxu** o **Scusorgiu** in Campidano, **Posidu** nella parte centrale, **Suiddatu** in Gallura, **Scrixoxu** nel Sulcis) possono avere la forma della classica anforaricolma di monete d'oro oppure presentarsi come forzieri o cofanetti pieni di gemme preziose.

Secondo la tradizione **si possono trovare nei luoghi più impensati**: nel cavo di un albero, in un buco nel terreno coperto da un lastrone di pietra, fra i muri o nel tetto di una vecchia casa, sotto un albero o sopra un sasso, e così via immaginando.

Per loro natura, non possono essere rinvenuti in ogni momento nel luogo in cui risiedono e, soprattutto, non sono a disposizione di chiunque possa trovarli per caso.

Queste caratteristiche li rendono appunto "**magici**".

Come riportato da **Gino Bottiglioni** nel suo libro"**Leggende e tradizioni di Sardegna**", alcuni ritengono che le origini delle leggende sui tesori magici siano da ricercare nelle scorribande e razzie che si verificarono ripetutamente in Sardegna a opera delle varie popolazioni di conquistatori, come nel caso delle incursioni saracene.

Quando qualcuno deteneva un congruo risparmio o dei monili preziosi che potevano fare la felicità di un ladro o di un invasore, a volte si curava di nascondere o sotterrare tale fortuna all'interno o nei pressi della propria abitazione da dove, con il passare del tempo o per cause di forza maggiore, non veniva più recuperata.

Il ritrovamento casuale di tali tesori, avvenuto nel tempo,ha alimentato racconti e fantasticherie legati in alcuni casi ai monumenti megalitici che costellano ancor oggi la Sardegna, a tal punto che moltissimi di tali siti prendono il nome dal tesoro che si credeva nascondessero.
Nel capitolo Allegati sono riportati i toponimi relativi ai monumenti megalitici e alle località.

Sempre Bottiglioni racconta nel suo libro che **Antonio Taramelli**, soprintendente alle Antichità della Sardegna dal 1901 al 1931, gli mostrò la copia di un documento redatto in spagnolo contenente una lista di tesori nascosti in Sardegna; la lista era ricca di particolari e si ipotizzò che il compilatore potesse aver attinto dalle tradizioni esistenti nei vari luoghi indicati.

Secondo tale lista la maggior parte dei tesori era posizionata vicino alle chiese e nei pressi di monumenti preistorici.

Taramelli confermò che, in siti archeologici ritenuti sconosciuti, si scoprivano spesso i segni del passaggio precedente dei cercatori di tesori.

Oltre a creare il tesoro, la fantasia popolare cercava di stabilirne l'origine. A Sassari, per esempio, si cercò per oltre vent'anni un tesoro che il popolo aveva attribuito al periodo giudicale; la ricerca avvenne nella casa detta "di Michele Zanche".
Nei pressi di Esterzili si credeva che, nel monte Santa Vittoria, fossero sepolti arredi sacri appartenenti a sette chiese e ricchezze di sette paesi esistiti un tempo intorno al suddetto monte.

In generale il popolo attribuisce ai tesori un'origine favolosa, accontentandosi talvolta di sapere soltanto della loro esistenza e che è possibile venirne in possesso al verificarsi di determinate circostanze.

Le leggende legate ai tesori magici si sono diffuse principalmente nel Medioevo, ma ancora oggi non è raro sentirne narrare, trattandosi di storie che affondano le radici nella fede della popolazione sarda. In alcuni casi, infatti, il luogo in cui è possibile trovare il tesoro viene indicato direttamente da un santo (o una santa) con il patto che tale fortuna, una volta rinvenuta, sia utilizzata per edificare un edificio sacro.

Si dice per esempio che il santuario della Madonna del Latte Dolce a Sassari sia stato costruito grazie alle ricchezze mostrate dalla Vergine a un malato mentale che riacquistò poi la ragione. Secondo la tradizione, anche la chiesa di San Marco, non molto lontana da Tresnuraghes, fu fatta costruire da una donna a cui il Santo aveva insegnato come impossessarsi di un otre pieno di monete, sotterrato profondamente nel terreno.

Abbandonando il sacro, a Dualchi si racconta del pastore di nome Mauro Bussolo che avrebbe trovato una pentola piena di pezzi d'oro all'interno del nuraghe Ono.

Ma le leggende più diffuse sono dedicate alle Janas, le custodi di immense ricchezze donate saltuariamente a un comune mortale, come le Janas di Monte Oe, che di notte chiamano per tre volte colui che vogliono far arricchire, oppure la fata che dimora nei sotterranei della chiesa di Sant'Antioco, circondata da un fantastico tesoro che, un tempo, un pastorello ebbe il coraggio di rifiutare.

2 COME TROVARE IL TESORO

Secondo la tradizione, non è possibile imbattersi per caso in un tesoro di origine magica. La sua posizione può essere rivelata solo tramite uno dei seguenti modi: un sogno, l'intervento di un sensitivo, l'apparizione di un'entità sovrannaturale.

1. Il Sogno

Nel caso dei sogni l'entità custode (per esempio, un parente defunto) appare nel mondo onirico al destinatario del tesoro per indicargli dove questo si trovi. I sogni diventano ricorrenti, quasi incubi, sino alla presa di consapevolezza da parte del sognatore che effettivamente si sta verificando un fatto che esula dalla normale quotidianità.

L'entità custode detta anche le regole da seguire per impossessarsi del tesoro nascosto, come il rispetto preciso dei tempi indicati e l'assoluta riservatezza, nel caso in cui il tesoro sia destinato a una sola persona.

Se il tesoro è destinato invece a più persone, il sognante sarò obbligato a condurre le altre persone coinvolte alla ricerca del tesoro, senza però rivelare loro il segreto. In caso di riuscita dell'impresa, il tesoro dovrà essere diviso in parti uguali.

Se le regole imposte dall'entità custode non saranno seguite con precisione, il tesoro si trasformerà in carbone che, subito dopo, scomparirà.

2. L'intervento di un sensitivo

Se a venire a conoscenza dell'esistenza del tesoro è un sensitivo, potrebbe diventare molto più difficile entrarne in possesso. Il sensitivo, infatti, deve anche conoscere il destinatario del tesoro in quanto, nella maggior parte dei casi, egli è solo un tramite. Se il sensitivo decidesse di utilizzare le proprie doti per appropriarsi del tesoro al posto del destinatario prescelto, le conseguenze di tale azione potrebbero essere nefaste.

3. L'apparizione di entità sovrannaturali

Oltre alle entità defunte, già citate nel caso dei sogni, la tradizione attribuisce il potere di svelare i tesori magici anche ad altri esseri presenti nella tradizione fantastica sarda, come i demoni o i folletti; questi ultimi sono detti anche **ingannadori** a causa del loro comportamento insincero.

3 IL CUSTODE DEL TESORO

Ogni tesoro è gelosamente custodito da un'entità che lo concede, a determinate condizioni, alla persona alla quale è destinato.

Entrarne in possesso però non è facile, poiché il custode non è sempre disposto a cederlo senza averne un tornaconto.

In molti casi il compito di custodire il tesoro è affidato a un defunto, a espiazione di colpe commesse in vita. L'anima dannata sarà libera solo dopo la consegna delle ricchezze; in caso contrario rimarrà legata al suo ruolo di custode per l'eternità.

Altre volte il custode dei tesori sepolti è uno spettro. E' il caso del terribile Don Blas d'Aragona, che si racconta vigili sui gioielli nascosti nel castello di Burgos, oppure quello dei fantasmi dei frati e dei preti che sorvegliano i tesori nei pressi di Solanas di Cabras e tra Guspini e Arbus.

Proprio nel caso di Arbus, un prete senza testa con un lampioncino rosso in mano apparirebbe vicino a una fonte nei pressi della quale avrebbe seppellito un baule colmo di oggetti preziosi, frutto delle malefatte che furono causa della sua morte violenta.

Anche esseri della tradizione fantastica sarda stanno

a guardia dei tesori. Spesso come custodi di favolose ricchezze vengono indicate le **Janas**, come nel caso delle catacombe di Sant'Antioco, o la terribile **Musca maccedda** (mosca macellaia).

Secondo una leggenda diffusa in tutta l'isola, con differenze legate al suo terribile aspetto, sa musca maccedda offre al cercatore una scelta tra due grossi otri, uno contenente il tesoro e l'altro pieno dei terribili insetti. Se il malcapitato avventuriero dovesse scegliere l'otre sbagliato, gli insetti verrebbero liberati causando la sua morte certa.

Un altro essere fantastico possessore di grandi ricchezze è **lu pundacciu**, (conosciuto anche come **baottu de setti berrittas**), che ricorda i classici folletti della verde Irlanda.

Lu pundacciu si presenta come uno gnomo delle dimensioni di un bambino di due o tre anni con un cappuccio rosso tondo e un abbigliamento indefinibile. Corre velocissimo sfiorando appena la superficie dell'acqua o del bosco e varcando al volo qualsiasi ostacolo che gli si pari davanti. Si posa lieve sugli alberi, sui tetti, sull'acqua, su scogli o picchi di roccia.

Può apparire dovunque all'improvviso, sotto qualsiasi forma e scomparire all'istante. Bada particolarmente al proprio cappuccio, dove pare sia concentrato tutto il suo potere: impossessandosi di tale cappuccio lo si costringe a rivelare il luogo in cui ha sepolto uno dei suoi tesori. Ma lu pundacciu non cederà facilmente: supplicherà in tutti i modi di riavere il suo cappuccio, piangendo in modo straziante e rotolandosi per terra.

Occorrerà essere molto furbi e avere un cuore di pietra per resistere alle sue richieste, che accompagna spesso a promesse di ogni bene, grazie alle quali riesce quasi sempre a farsi restituire il cappuccio. A quel punto, lu pundacciu si dilegua per non riapparire mai più, tra pernacchie e risate di scherno verso chi ha creduto alle sue vane promesse.

Nella maggior parte dei racconti di chi narra di aver preso parte alla ricerca di questi tesori, il custode è stato descritto come un'entità di natura diabolica in grado di presentarsi sia in forma umana che animale; per questo motivo, la tradizione indica come indispensabile la conoscenza di particolari rituali da seguire per ottenere un tesoro magico senza rimanere vittima di tali entità.

4 I RITUALI

Colui che venga a conoscenza della presenza di un tesoro magico deve conservare con cura il segreto e compiere ciò che gli viene indicato dal custode con calma e freddezza, nonostante possa trovarsi ad assistere a manifestazioni di origine spiritica. In caso contrario il destinatario del tesoro vedrà svanire la possibilità di condurre una vita da re oppure sarà condannato con le persone a lui più care a trascorrere una vita sciagurata.

Nella cultura sarda sono diffusi degli scongiuri (**brebus**) utili per ritrovare i tesori. Uno di questi, da recitare in prossimità del luogo in cui si crede essere sepolto un tesoro, è il seguente:

Custu puntu de obiada
beneitta sa posada
beneitta conzuntura
chircami sa fortuna
po nos dare sa salude
in custa santa bertude
Corpus santu amè
in su chelu sezis re
po nos dare indendimentu
laudadu semper siada
su santissimu sacramentu

Questo punto d'incontro
sia benedetto per la fermata
benedetta la congiuntura
cercatemi la fortuna
per darci la salute
in questa santa virtù
Corpo santo amen
nel cielo siete re
per darci intendimento
sia sempre lodato
il santissimo sacramento

Alcuni racconti relativi alla Gallura descrivono le procedure da adottare per entrare in possesso del tesoro: il cercatore, per esempio, deve essere in grado di leggere il latino con cui erano redatti i diversi "**Libri del comando**" e conoscere alla perfezione "**li 12 parauli**".

Per questo motivo, in passato, spesso il ruolo del cercatore era ricoperto da un uomo di chiesa che si occupava dell'evocazione del guardiano e del suo allontanamento. Il cercatore era accompagnato da due persone, addette all'eventuale scavo.

Secondo la tradizione, il rituale non deve iniziare prima della mezzanotte e deve terminare al terzo canto del gallo; la lettura del libro o la recita del brebu devono ripetersi continuamente, come una litania, sino al ritrovamento del tesoro.

Durante il rituale possono manifestarsi apparizioni malefiche di demoni, serpi o animali terrificanti (di li spirienzi mali). Se uno dei tre partecipanti si dovesse far prendere dal panico, tutti e tre dovranno abbandonare l'impresa che sarebbe vano continuare.

In altre zone della Gallura la procedura tramandata è molto diversa e potrebbe richiedere diverse notti di prove, fino al manifestarsi del custode. Si deve prima localizzare il punto in cui si troverebbe il tesoro (anche in questo caso spesso dietro segnalazione del proprietario del fondo in cui si andrà a scavare), quindi dalla mezzanotte all'una si dovrà circoscrive il sito tracciando un cerchio nel terreno. Al centro di tale cerchio si sistemeranno un tavolino con due candele accese e tre sedie che saranno occupate dai cercatori.

La persona seduta al centro dovrà leggere "lu libru di lu cumandu pa la chjamata", per evocare il custode, solitamente identificato con il diavolo, mentre le altre due persone ai lati, denominati "li testimogni", dovranno stare in assoluto silenzio. Tutti e tre dovranno essere dotati di enorme coraggio e restare impassibili al manifestarsi del custode.

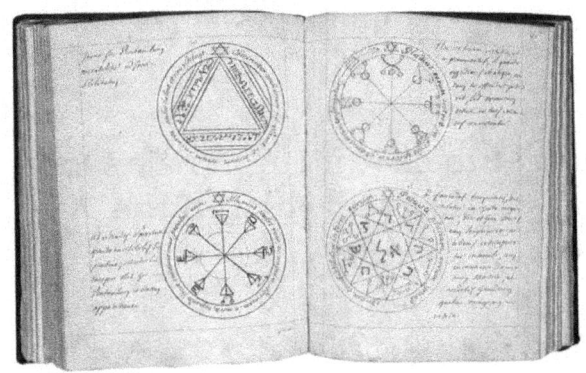

Se uno qualsiasi dei partecipanti dovesse cadere svenuto per lo spavento, dovrà immediatamente essere trascinato fuori dal cerchio in modo da evitare i danni causati da un attacco del custode, che potrà essere allontanato recitando "la lizinziata", una formula atta a tale scopo.

Come si evince dalla documentazione inquisitoriale, prima spagnola e poi episcopale, la ricerca dei tesori veniva spesso compiuta da religiosi, sia perché nella maggior parte dei casi era previsto l'utilizzo di testi con formule riportate in latino o in altre lingue sconosciute alla gran parte del popolo, sia per la sacralità della loro figura, particolarmente efficace per costringere le entità custodi a consegnare il tesoro ai cercatori.

Nell'isola circolavano diversi libri di magia cerimoniale, utilizzati anche nel resto d'Italia e in Europa, e tra questi:

- ClaviculaSalomonis
- Flagellumdaemonum
- Heptameronseuelementa magica
- CirculusAureus

La lettura e la diffusione di tali libri erano vietate dalla Chiesa.

Oltre ai libri, grazie al tribunale inquisitoriale sono giunti fino ai giorni nostri alcuni manoscritti che mescolavano rituali esorcistici della Chiesa con pratiche magico-popolari. Il vantaggio di tali scritti era quello di avere un costo più accessibile e, cosa non da poco, di essere meno controllabili da parte delle autorità.

Tra questi scritti, uno di tredici pagine descrive la procedura per la celebrazione di un rito denominato "dell'Angelo Bianco", di cui si occupò l'inquisizione episcopale in un processo tenuto da Monsignor Bernardo de Carinena nel 1718, a carico del sacerdote Pietro Demontis.

Cappellano della confraternita delle anime del Purgatorio della parrocchia di S.Giacomo a Cagliari, Demontis venne accusato di aver cercato dei tesori diverse volte, invocando il demonio e adorandolo in ginocchio, utilizzando paramenti sacri ed evocandolo in una bottiglia d'acqua posta su un tavolo. Tale pratica venne denominata anforomanzia o idromanzia, e prevedeva l'uso di formule magiche scritte in un quaderno proibito che riportava parti della Clavicula.

Il rito venne realizzato più volte dal sacerdote con l'aiuto di altri partecipanti, alcuni dei quali testimoniarono nell'agosto del 1718, poco prima che

Pietro Demontis venisse processato. La storia di Demontis è raccontata nel capitolo "La ricerca di un tesoro sul Colle di San Michele", nella sezione "I Racconti" di questo libro.

Come per i rituali legati alla medicina dell'occhio, anche quelli relativi alla ricerca degli scusorgius possono avere diverse varianti, svolgendosi talvolta in maniera cruenta col sacrificio di un animale.

Un rituale utilizzato negli ultimi decenni del secolo scorso prevedeva di portare in un luogo stabilito quanto dettagliatamente richiesto dal guardiano e di tracciare nel terreno un ampio cerchio.

Dentro e fuori il cerchio si tracciavano dei simboli magici, mentre all'interno venivano posizionate cinque candele a formare i vertici di un pentacolo. Veniva poi acceso un fuoco alimentato con alcool e carbonella nel quale veniva bruciato dell'incenso per tutta la durata del rito.

Osservare scrupolosamente le indicazioni ricevute è di fondamentale importanza per il buon esito del rituale.

In caso contrario il custode, entità particolarmente stizzosa, potrà smaterializzare il tesoro, spostandolo in un altro luogo e il povero destinatario si troverà in un mare di guai, subendo l'influsso negativo di quell'esperienza per il resto della propria vita.

5 I RACCONTI

5.1 Il tesoro del santuario nuragico di Abini

Tra i ritrovamenti archeologici seguenti a scavi clandestini merita un posto di rilievo quello presso il santuario nuragico di Abini, nel territorio di Teti.

Come spesso accade per i siti archeologici, la leggenda popolare narrava di un favoloso tesoro sepolto e di un vitello d'oro che si aggirava in mezzo ai resti delle capanne del villaggio nuragico.

Ogni tesoro che si rispetti deve avere un custode e, in questo caso, l'entità a guardia veniva chiamata **Su Sennoreddu de s'iscusorzu** e veniva descritta talvolta come un demone, altre come un folletto, altre ancora come un bambino. Il compito di questo essere sovrannaturale, dotato di una grandissima forza, era di proteggere dagli umani un'anfora contenente un tesoro che portava sempre sottobraccio.

Grazie a un sogno ricorrente, un pastore della zona venne a sapere del tesoro nascosto nel santuario nuragico. Raccontò con convinzione il sogno agli amici, anch'essi pastori, e insieme decisero di recarsi sul posto.

Una volta giunti al santuario comparve loro Su Sennoreddu che li sfidò a cercare di prendergli l'anfora. Gli uomini non si persero d'animo e, circondato il guardiano, iniziarono a recitare una filastrocca che raccontava di un vitello d'oro, simboleggiante il tesoro, nascosto nel villaggio.

Sos chi sunis in su Fruncu 'e su ludu
Este a craru de su Muru Irau
Su bitellu de oro est' attaccau
In su logu chi este abbarra mudu
sia sole o siad oscuru,
Mai a fora du biene istuppau,
cà est sempere in d'unu croccadorzu
e no ddumoven'apuntor de puntorzu

Coloro che sono In Su Fruncu 'e su Ludu(località
vicino ad Albini)
E' vicino a Su Muru Irau (altra località)
ll vitello d'oro è nascosto
Nel posto in cui è rimane zitto
sia sole o buio
Mai lo vedono venire fuori
perchè è sempre in una tana
e non lo smuovono neanche a colpi di puntorzu
(attrezzo che serve per pungolare i vitelli)

Su Sennoreddu, stremato dalla cantilena degli

uomini, buttò a terra l'anfora cedendo in tal modo la sua ricchezza. Qui si ferma la leggenda.

In realtà, grazie al sogno del pastore, nel 1865 iniziarono i primi scavi clandestini che portarono alla scoperta di una vasca costruita con pietre all'interno della quale vennero rinvenuti bronzetti e armi.

Nel 1878, sempre a causa di scavi clandestini, ci fu una scoperta ancora più eclatante: vennero ritrovati 750 bronzi, del peso complessivo di 108 chili, tra cui 124 spade riunite in fascio con delle strisce in bronzo, 77 frecce e lame di pugnali, cuspidi e puntali di lancia, spille e braccialetti, 8 lingotti di rame e 1 di piombo, e 22 bronzetti figurati.

5.2 Su scusorgiu di Monserrato

Il racconto narra di un tesoro sepolto rinvenuto grazie alle indicazioni di una sensitiva. Nel corso delle ricerche per questo libro, abbiamo intervistato direttamente i protagonisti della storia, che sostenevano di aver vissuto in prima persona gli eventi descritti. Per questa ragione, a tutela della loro riservatezza, i nomi utilizzati nel racconto non sono i veri nomi degli intervistati.

Un giorno Pina, in compagnia della sua amica Anna, si recò presso un'anziana signora che aveva la fama di essere una sensitiva, la quale per le sue divinazioni invocava i santi tramite preghiere in sardo e tenendo in mano un rosario con dei grani insolitamente grandi.

Proprio osservando uno di questi grani, la vecchietta vide la presenza di un tesoro magico nella casa di Anna, nascosto sotto una pianta di limone.

Anna disse che non c'erano piante di limone nella sua casa, ma la sensitiva confermò irremovibile la propria visione. Solo in seguito, Anna realizzò che la casa con le piante di limone, oggetto della visione, era quella dei suoi genitori paterni.

Con l'aiuto di Pina, Anna iniziò quindi a scavare seguendo le indicazioni della sensitiva, ma senza trovare niente.

Venne chiesto l'aiuto di un altro sensitivo per confermare la presenza del tesoro e venne predisposto un rituale, in occasione del quale si verificarono dei fenomeni particolari: il medium iniziò a parlare diverse lingue, sia con tono maschile che femminile e cambiò statura, rimpicciolendosi fino ad assumere le dimensioni di un nano.

Questi strani fenomeni furono ricondotti all'azione del custode del tesoro e fu necessario l'intervento di Anna per liberare il sensitivo dalla possessione, il quale non fu comunque in grado di fornire nessuna indicazione utile al ritrovamento del tesoro.

Le due donne si rivolsero di nuovo alla prima sensitiva che accettò di aiutarle solo in cambio di una parte del tesoro. Costei abitava in un paese fuori Cagliari e mentre si recava con le due donne a

Monserrato, ebbe la visione del corpo del proprio figlio morto, riverso sul ciglio della strada.

Spaventata dalla visione, che interpretò come un avvertimento a non proseguire oltre, la vecchietta cercò di tirarsi indietro ma, convinta da Anna, decise comunque di proseguire il viaggio verso la casa con gli alberi di limone.

Arrivate a destinazione, venne preparato il rituale per l'evocazione del guardiano e quando costui si manifestò, la vecchia venne colta da terrore e scappò via. Anna si ritrovo quindi al cospetto dell'entità che scelse Pina come proprio tramite. Si svolse una vera e propria lotta, ma alla fine Anna riuscì ad allontanare il guardiano e a liberare Pina, la quale in seguito non ricordò nulla dell'accaduto.

Dopo questo episodio Anna e Pina si rivolsero ai frati del Convento di Sant'Ignazio a Cagliari. Uno dei frati, molto conosciuto in città, spiegò loro come procedere per prendere il tesoro descrivendo con precisione il rituale, inclusi il giorno e l'ora esatta in cui si sarebbe dovuto svolgere.

Raccomandò anche alle due donne di creare un cerchio e di entrarci dentro armate di bastone per colpire qualunque cosa fosse uscita dalla terra. Come ultimo avvertimento, il frate disse alle due donne che era molto importante rispondere sempre "no" alle domande del guardiano, anche se fossero state fatte in altre lingue.

Quando giunse il momento, le due donne iniziarono a scavare. La terra diventò simile a sabbia ed esse fecero una fatica immensa perché la buca si riempiva di continuo. Di colpo una delle due avvertì qualcosa sotto la terra e, toccandolo, si rese conto che si trattava di un cofanetto.

Dalla terra iniziarono a uscire delle creature nebulose a forma di serpenti, uccelli e altri esseri indefinibili. Come la volta precedente, il guardiano utilizzò Pina come proprio tramite, la quale cambiò voce e iniziò a fare richieste ad Anna in un'altra lingua. Seguendo il consiglio del frate, Anna rispondeva sempre "no".

Anche questo nuovo incontro con il guardiano non portò al ritrovamento del tesoro, e si decise dunque di riprovare di nuovo dopo qualche giorno.

Il giorno stabilito, Anna e Pina iniziarono di nuovo a scavare e stavolta riuscirono a vedere il cofanetto che si aprì mostrando loro le pietre preziose al suo interno. Dopo pochi istanti il cofanetto si richiuse e iniziò a sprofondare nella terra. Pina riuscì ad afferrarlo attraverso un anello che si trovava sul coperchio, ma fu costretta a mollare la presa perché il cofanetto continuava a trascinarla verso il basso.

Fu a quel punto che il custode si manifestò, anche questa volta tramite Pina, e fece la sua ultima richiesta: in cambio del tesoro voleva cinque gigli, una richiesta che alle due donne sembrò insolitamente semplice da esaudire.

Anna e Pina si organizzarono per adempiere alle richieste del guardiano e si procurarono i fiori da lui richiesti e così ebbe luogo l'ultimo e definitivo incontro.

Dopo la preparazione del rituale di evocazione, le due donne porsero i fiori come richiesto, ma il loro gesto scatenò l'ira dell'entità che, tramite Pina iniziò a colpire Anna.

Questa cercò di difendersi come poteva cercando allo stesso tempo di evitare che l'amica posseduta uscisse dal cerchio, evento che avrebbe avuto conseguenze nefaste. Inizio a gridare in cerca di aiuto chiamando amici e parenti che stavano in una stanza poco distante dal punto dello scavo, ma questi non sentirono i richiami della donna probabilmente per azione del guardiano, che rideva e continuava a picchiare Anna tramite il corpo della sua amica.

Il caso volle che il marito di Anna facesse ritorno in quel momento e che, suonando il campanello di casa, attirasse l'attenzione dei parenti e degli amici all'interno, fino a quel momento ignari di quanto stava accadendo nel giardino. Uno di loro, uscendo per aprire la porta, sentì la voce di Anna, ma in modo flebile come se provenisse da molto lontano, mentre costei continuava a urlare a pochi metri di distanza da lui.

A quel punto, resisi conto di quanto stava accadendo, tutti si precipitarono fuori e assistettero a una scena che aveva dell'incredibile: Anna si trovava letteralmente a cavalcioni di Pina ed entrambe erano sospese a mezz'aria.

Uno di loro irruppe nel cerchio per soccorrere Anna, ma venne allontanato violentemente.

Il guardiano era furioso e tramite Pina, ribadì la sua richiesta di cinque gigli. Cinque gigli maschi.

Dopo un tempo che sembrò interminabile e grazie a scongiuri particolari si riuscì a riportare la calma dentro il cerchio e a chiudere il rituale.

Pina non aveva un graffio e non ricordava nulla, mentre Anna e gli altri erano pieni di lividi.

Non si riusciva a capire cosa il guardiano volesse realmente in cambio del tesoro. Anna e Pina erano convinte di aver esaudito la sua richiesta, ma nel dubbio chiesero consiglio al frate cappuccino che le aveva aiutate in precedenza. Appena sentì la richiesta del guardiano, il frate non ebbe nessuna esitazione e invitò le donne ad abbandonare la loro ricerca. Spiegò loro che in realtà il guardiano voleva l'anima di cinque bambini maschi: dei due figli e dei due nipoti di Anna e del figlio di Pina.

Grazie a un rituale indicato dal frate, le due ripulirono il giardino dalla presenza del guardiano e non cercarono più di ottenere il tesoro, lasciando che il ricordo di quella terribile esperienza si affievolisse con il passare del tempo nella mente dei protagonisti.

5.3 Il nuraghe di Santa Marra

Come anticipato, molte delle leggende sui tesori nascosti ruotano intorno ai monumenti megalitici sardi e, in particolare, ai nuraghe.

La leggenda popolare del nuraghe Santa Marra (presso Busachi) racconta le vicende di Battista Cau, un contadino del paese vissuto nei primi decenni del 1800, periodo di grave carestia causato da una lunga siccità.

Battista venne a conoscenza della presenza di un grosso tesoro sepolto all'interno del nuraghe e custodito da una schiera di spiriti maligni, e confidò il segreto all'amico pastore Salvatore Pala. Salvatore si rivolse quindi a una "pratica" del Marghine, la quale lo istruì sui rituali da compiere per aggirare la protezione dei custodi soprannaturali. Si recò quindi da solo presso il nuraghe e riuscì a trovare il forziere carico di pietre preziose e monete d'oro.

Cercò in tutti i modi di trascinare il pesante baule fuori dai bui corridoi del nuraghe, ma i guardiani del tesoro lo punirono amaramente per aver truffato il suo amico Battista, cercando di tenere per se stesso il tesoro.

Salvatore scomparve senza lasciare traccia e c'è chi dice che ancora oggi, nei pressi del nuraghe, si possa udire una voce spettrale che avverte: "**Chie tottuddu chere, tottu ddu perde**" (chi tutto vuole, tutto perde).

5.4 La cassa dorata di Santadi

Il racconto della cassa dorata di Santadi è stato inviato al sito contusu.it da un lettore che ha trascritto una storia narratagli da un vecchio del suo paese.

Un uomo di nome Pauli viveva nel borgo de Is Puddus e lavorava tutto il giorno per guadagnare qualcosa che gli desse da mangiare. Si svegliava alle prime luci dell'alba per andare in giro per i campi a zappare, tagliare legna, aggiustare recinti e seguire il bestiame. Ogni notte dormiva per terra in una vecchia costruzione fatiscente, stanco come una bestia.

Una notte sognò la Madonna che gli disse: "Pauli, domani stesso vai nel posto che ti ho indicato e solleva la grossa pietra. Sotto troverai un bel regalo. E finirai di fare questa vita da mulo. Ma stai attento! Vai a mezzanotte e non dirlo a nessuno!"

Pauli si svegliò e pensò: "Un tesoro nascosto! Ho sognato un tesoro nascosto!".

Ci pensò tutto il giorno e i giorni a venire, e più ci pensava e più iniziava ad avere dei dubbi. La paura si insinuava nella sua mente insieme a pensieri di diavoli e anime dannate, per cui non riusciva a prendere una decisione. Lasciar perdere o tentare di recuperare il tesoro?

Andò a cercare Giovanni, suo compare, e gli raccontò tutta la storia. Costui, uomo dal cuore impavido, gli disse: "Ma guarda che sei matto! E' un tesoro e tu lo vuoi perdere! Se ci vai diventi ricco!"

Pauli gli rispose: "Se vieni con me, lo dividiamo e diventiamo ricchi in due".

L'uomo accettò e così la notte dopo si incontrano alla fontana e si misero in marcia per recarsi nel luogo sognato da Pauli.

Giunti nel posto, trovarono il grosso masso descritto nel sogno.

"Allora cominciamo, è mezzanotte precisa" – disse Giovanni guardando l'orologio.

Iniziarono a lavorare di gran lena per smuovere la grossa pietra, quindi utilizzarono un palanchino per sollevarla e rovesciarla.

Sotto apparve loro una grande cassa dorata. Pauli si

lanciò su di essa con grande avidità e la aprì.

Dentro vide un groviglio di serpi di ogni tipo, gechi, sanguisughe e ogni genere di insetti velenosi.

A questa vista si allontanò spaventato e rivolgendosi a Giovanni gli chiese: "Cosa significa tutto questo?"

Giovanni subì una metamorfosi repentina che gli stravolse i lineamenti del viso, gli occhi divennero infuocati e con voce cavernosa gli disse: "Io ti avevo detto di venire da solo!".

Il racconto non rivela il destino di Pauli e cosa sia accaduto ai due amici dopo tali eventi.

5.5 Il tesoro di Mauro Bussolo

In quel di Dualchi, in un tempo ormai remoto, un pastore ebbe a che fare con uno tesoro magico.

Si dice che Mauro Bussolo tenesse le pecore in una tanca, controllate dai suoi due figli. Un giorno il più piccolo dei due uscì dalla capanna suonando un flauto di canna. All'improvviso gli si presentò di fronte un signore calvo che lo invitò a scavare sotto il nuraghe di Ono, presente all'interno della tanca, e poi scomparve.

Il piccolo corse a narrare il fatto al fratello maggiore e, insieme, lo raccontarono al proprio padre appena costui rientrò dal paese. Bossolo tranquillizzò il figlio più piccolo invitandolo a non aver paura e a recarsi di nuovo presso il nuraghe. Si nascose poi dietro una pianta di lentischio. Poco dopo, il fantomatico signore calvo apparve di nuovo al figlio piccolo e lo condusse all'interno del nuraghe dove gli mostrò il tesoro, poi scomparve.

Il bambino corse dal padre per condurlo nel luogo in cui si trovavano le ricchezze e questi scavò fino a trovare una pentola piena di pezzi d'oro che portò a casa di notte.

Questa fu, secondo la leggenda, l'origine delle ricchezze di Mauro Bussolo.

5.6 Lo spirito del nonno

Il racconto che segue ci è stato narrato dalla protagonista della storia.

A Monastir viveva una giovane donna che vedeva apparire nella casa in cui abitava il fantasma del proprio nonno.
Ogni tanto lasciava del cibo in cucina per il nonno e chiudeva la porta della stanza lasciandola vuota; al suo ritorno trovava i piatti vuoti.

Un giorno il nonno apparve in sogno alla nipote e le rivelò che in una stanza sotto la cucina erano nascosti due forzieri, uno destinato a lei e uno a sua nonna, la moglie del nonno defunto, e le raccomandò di non toccare per nessun motivo il forziere non destinato a lei.

Poco tempo dopo la ragazza dovette trasferirsi a Cagliari, nella zona di Castello, per motivi di lavoro. Faceva la governante in una casa di facoltosi cittadini, trattenendosi spesso presso costoro anche per la notte.

Il nonno le riapparve in sogno intimandole di far ritorno a Monastir ma lei, sempre in sogno, gli rispose che non poteva abbandonare il lavoro. Indispettivo dalla risposta della nipote, il nonno le disse che ci avrebbe pensato lui a farla rientrare.

La ragazza si svegliò turbata dal sogno, ma non diede peso alle parole del nonno. Dovette ricredersi però quando non riuscì più a fare le pulizie senza rompere qualsiasi oggetto con cui venisse in contatto, al punto che era più il danno da risarcire ai datori di lavoro che il guadagno.

Ormai al limite della sopportazione, la ragazza si rivolse ai preti della Basilica di Bonaria per chiedere aiuto. Raccontò la sua esperienza e i preti le chiesero se anche in quel momento vedesse lo spirito del nonno.

Lei, dopo essersi guardata intorno, rispose che lo vedeva seduto in uno dei banconi della chiesa. I preti fecero tutto ciò che era in loro potere per allontanare l'anima del defunto.

E' interessante notare che il prete disse alla donna che avrebbe continuato a vedere lo spirito del nonno, anche se questo non avrebbe più potuto comunicare con lei, né crearle dei problemi in futuro.

5.7 Come perdere un tesoro

Molto tempo fa, in un paese vicino a Cagliari, una ragazzetta sognò un vecchio che le indicò un grosso tesoro nascosto proprio nella sua casa.

Lo sognò per diverse notti fintanto che, prendendo il coraggio a due mani, la bambina lo raccontò alla propria madre che la ascoltò con attenzione e, a sua volta, lo raccontò al marito.

I due genitori dissero alla figlia che, se avesse sognato ancora il vecchio, gli avrebbe dovuto chiedere come fare per entrare in possesso del tesoro. Così accadde e il vecchio le diede tutte le indicazioni per recuperare il tesoro, concedendole anche di ricorrere all'aiuto dei genitori ma di nessun altro.

I genitori organizzarono così il lavoro di scavo nel giardino di casa, esattamente nel punto indicato. Ma i lavori procedettero a rilento e con grandi difficoltà. Dimenticandosi dell'ammonimento del vecchio, chiesero aiuto agli altri figli e generi per accelerare i tempi di recupero del tesoro.

Lavorarono per diversi giorni e scavarono una buca molto profonda; il cumulo della terra estratta occupava tutto il resto del giardino. Le dimensioni dello scavo erano tali che iniziarono a disperare di trovare il tesoro promesso. Presi dallo sconforto e oppressi dalla fatica, i partecipanti allo scavo iniziarono a inveire contro la bimba che piangendo giurò sulla veridicità del sogno e del suo racconto.

Si decise comunque di ricolmare la fossa scavata, ma uno dei partecipanti con l'ultimo colpo di pala urtò qualcosa. Come un forsennato riprese a scavare finché intravide un enorme fagotto di pelle, talmente grosso e pesante che fu necessario costruire un paranco per sollevarlo e tiralo fuori. L'enorme involto venne posato a terra e la famiglia faticò a recidere le stringhe di cuoio, dure come pietra.

Finalmente riuscirono ad aprirlo e, davanti ai loro occhi sbalorditi e sgomenti, si presentò un grosso cumulo di cenere e carbone. Rammentarono in quel momento quanto era stato raccomandato dal vecchio nel sogno, a proposito del fatto che solo i genitori della bambina avrebbe potuto partecipare allo scavo.

Delusi e rammaricati per l'errore commesso, decisero che non rimaneva altro da fare che rimettere il grande fagotto nella buca per poi ricoprirla. Quando lo buttarono dentro, la cenere e il carbone si trasformarono in monete d'oro e d'argento che, luccicando e tintinnando, sparirono nel fondo dello scavo.

La terra che era stata estratta e ributtata dentro non bastò a ricolmare l'immensa buca. Occorsero due carri abbondanti di terra per riempirla.

Anche in questa storia è sottolineato quindi quanto sia importante rispettare nel dettaglio le istruzioni dei guardiani se si vuol mettere le mani su un tesoro magico.

5.8 La ricerca di un tesoro in Gallura

Si narra che, nel 1937, si sia svolta nelle campagne di San Pantaleo una cerimonia per la ricerca di un tesoro nascosto nelle vicinanze di un gruppo di case. Uno dei testimoni racconta che, per poter entrare in possesso del tesoro, venne chiamata una persona che possedeva lu libru di lu cumandu.

Dopo aver predisposto il rituale, l'officiante iniziò a leggere dal suo libro. Subito un'ape insolitamente grande si poso sul tavolino utilizzato per la cerimonia, ma l'uomo non ci fece caso.

A quel punto, l'insetto si infilò sotto la sua camicia e pochi istanti dopo l'uomo svenne. I due testimoni che lo assistevano lo trascinarono immediatamente fuori dal cerchio e lo adagiandolo sotto un albero di olivastro, dimenticando però nella concitazione di fare la lizinziata, cioè di chiudere il rituale per evitare che il guardiano potesse causare danni agli altri partecipanti.

L'uomo svenuto aveva la lingua penzoloni e la bocca piena di schiuma e i testimoni si accorsero per puro caso dell'ape che uscì dal collo della sua camicia e volò via. Si ricordarono allora di non aver fatto la lizinziata e rientrati nel cerchio, raccolsero il libro e lessero le formule per la chiusura del rito.

5.9 La ricerca di un tesoro sul Colle di San Michele

Nel 1718 si tenne un processo a carico del sacerdote Pietro Demontis, presieduto da Monsignor Bernardo de Carinena per conto dell'Inquisizione.

Il sacerdote era accusato di essersi recato presso il Castello di San Michele a Cagliari alla ricerca di un tesoro. I testimoni raccontarono che il sacerdote preparò per il rito un tavolino con una tovaglia nuova e che vi pose sopra alcuni pezzi di pergamena con simboli tratti dal **grimorio di Salomone** e unti con olio santo, una bottiglia d'acqua e un ramo di ulivo che, a detta di Demontis, era stato tagliato all'aurora e posto sull'altare di una chiesa durante una messa.

Dopo aver indossato una stola, Pietro Demontis si inginocchiò con il viso rivolto a oriente e iniziò a leggere da un quaderno rivolgendosi a un bambino, che aveva in mano una candela di cera nuova. Il bambino rispose alle domande che il sacerdote gli poneva e, insieme a lui, fece inchini e sussurrò verso la bottiglia posta sul tavolino, con l'obbiettivo di evocare lo spirito a guardia del tesoro.

Il sacerdote ogni tanto avvicinava la candela alla bottiglia dove a sua detta si vedevano degli spiriti. All'inizio della cerimonia alcuni testimoni sentirono Demontis dire: "*Angelu biancu, Angelu santu*", mentre quando avvicinava la candela alla bottiglia diceva: "*Ralay, indemoniato, sali qui*".

Altri affermarono che il sacerdote dichiarò di vedere dentro la bottiglia uno spirito sotto forma di una mosca, mentre l'assistente bambino diceva di vedere alcune figure con elmi e bastoni in mano. Il sacerdote dichiarò che quegli esseri erano i guardiani del tesoro che presidiavano il luogo e iniziò un rituale specifico per forzare le entità a consegnare ai cercatori le immense fortune che si riteneva fossero sepolte nelle profondità della terra.

Presumibilmente Il rituale non andò a buon fine e Pietro Demontis venne quindi denunciato agli inquisitori.

5.10 La leggenda del Gallo Dorato

Nella città di Terranova (l'attuale Olbia) tantissimi abitanti sapevano che un tesoro era nascosto in una casa nella zona di Sa Colte Manna.
Sa Colte Manna era il punto terminale a est dell'attuale via Piccola, da cui si poteva guardare il

mare e veder giungere in porto i bastimenti, amici o nemici che fossero.

Nella casa in questione abitavano tzia Paschitta, una casalinga, e il marito tziu Peppe, il quale, dopo anni di fatica e duro lavoro, era diventato proprietario di un giogo di buoi e di un carro agricolo.

I due sposi non avevano figli e trascorrevano la vita impegnati nei lavori di casa e nei campi, con tutte le tribolazioni e i pericoli tipici di quel periodo storico. Come tutti coloro che avevano vissuto in quella casa in precedenza, sapevano di essere seduti sopra un tesoro ed erano ossessionati dal desiderio di conoscere la formula magica da recitare quando il custode del tesoro (identificato con il diavolo) si fosse presentato.

Si racconta che la povera tzia Paschitta avesse provato tante orazioni e recitato molti rosari per evocare il custode affinché questo le indicasse il punto in cui il tesoro era celato ormai da lunghissimo tempo.

Trovarlo avrebbe significato uscire dalle quotidiane tribolazioni, liberare il marito dal pesante lavoro nelle terre altrui, sottrarlo all'inclemenza delle stagioni che lo facevano invecchiare anzitempo. Ma il custode, che si presentava a loro sotto forma di un gallo color oro, non aveva mai ascoltato le invocazioni della buona donna, deludendo speranze e sogni.

Più di una volta le vicine avevano sorpreso la

padrona di casa nel gesto di battere il pavimento con una pietra liscia di fiume, alla ricerca di un suono diverso che potesse indicarle un punto su cui scavare. Purtroppo l'eco sorda era identica in tutti i punti delle stanze e nessun altro indizio le faceva sperare di riuscire un giorno a dare al marito la buona nuova del ritrovamento.

Le stagioni e gli anni trascorrevano senza nessun esito, ma tzia Paschitta conservava una tenue speranza che quel benedetto gallo dorato comparisse per dare a lei e al marito il sollievo derivante da gioia e ricchezza.

Una mattina d'estate, tziu Peppe si sveglio presto e di buon umore e iniziò a compiere tutti i rituali di preparazione per la mietitura dei campi della zona di Tannuale, certo che si sarebbe trattato di un buon raccolto.

Aprì la porta della cucina che dava a oriente e trovò la stanzetta inondata da una luce insolita; nonostante il sole non fosse ancora sorto, tutto appariva avvolto da un bagliore diffuso e l'ampia distesa del mare gli apparve così brillante e pura che ebbe desiderio di far partecipare anche la moglie a quella scena. La chiamò e anche lei restò meravigliata.

Paghi dello spettacolo, si recarono a prendere gli arnesi per la mietitura e partire. Di colpo si voltarono di nuovo verso l'uscio di casa ed ecco che in mezzo a quella luce, apparve in uno scintillio il gallo dorato, chiaro e distinto. Fu tanta e tale la sorpresa che i coniugi restarono ammutoliti a fissarlo fino a quando non udirono un sonoro chicchirichì, ripetuto tante volte.

La donna cercò di vincere lo stupore e di ricordare qualcuna delle parole magiche, sperando di aprire un dialogo con il custode ma non riuscì a proferire parola. Il gallo restò davanti a loro come in attesa di qualcosa: una domanda, un po' di grano, una parola.

I due coniugi stavano vivendo il momento che avevano sempre desiderato, ma non erano in grado di riordinare le idee e cogliere quella fantastica occasione.

Tziu Peppe riuscì solo a emettere un grugnito confuso che sembrava più un'espressione di paura che un invito al gallo a dir qualcosa. In quell'istante il guardiano scomparve e l'occasione di diventare ricchi svanì con lui.

Agli sposi erano mancate le forze e la prontezza per agire. La luce surreale lentamente si attenuò e, appena si ripresero dallo sbigottimento, tzia Paschitta disse: *"Peccato! Era il momento che attendevamo per diventare ricchi. L'apparizione è stata troppo improvvisa. Pazienza!"*

Rammaricarsi era ormai inutile e i due si consolarono a vicenda cercando di convincersi del fatto che forse era meglio continuare a vivere da poveri; del resto, secondo i racconti popolari, coloro che scoprono un tesoro magico non riescono mai a goderne appieno.

La voce della visione si diffuse nel piccolo borgo destando interesse, curiosità e incredulità.

Dopo la morte dei due vecchietti, si racconta che un facoltoso uomo di Terranova abbia acquistato la casa con la segreta speranza che il gallo dorato ricomparisse per rivelare il nascondiglio del tesoro, finora mai ritrovato.

5.11 Il tesoro della Grotta della Vipera

Tutti a Cagliari conoscono la Grotta della Vipera, ma pochi sono stati al suo interno. La cavità si trova al civico 87 del viale Sant'Avendrace ed è famosa perché in essa è contenuto il sepolcro gentilizio romano che ha ospitato le spoglie mortali della nobildonna Atilia Pomptilla.

La cavità, nota nel 1600 d.C con il nome di **Cripta serpentum** per i due serpenti scolpiti nella roccia, presentava in origine un piccolo ingresso raggiungibile da una scala ricavata usando la pietra locale. Subito dopo l'ingresso, si trovava la camera sepolcrale, ampliata nel corso dei secoli per poter aggiungere nuove salme e urne cinerarie. Si tratta di un ambiente rettangolare che presenta sulle pareti delle scritte in greco e latino che riportano anche la storia del luogo.

Nel 1641 la cavità veniva utilizzata come abitazione da due coniugi, Giovanni Satta e Marianna Lochi. Il 12 Ottobre di quell'anno, i due ricevettero la visita di una delegazione a cavallo guidata dal ministro di giustizia Antiogo Corria.

I delegati interrogarono gli inquilini perché, come da loro stessi dichiarato, erano a conoscenza di informazione sull'esistenza di un tesoro all'interno della grotta; per questa ragione, avevano chiesto in precedenza una licenza al procuratore reale per iniziare le ricerche.

Giovanni Satta accolse a braccia aperte il notaio Didaco Cao, membro della delegazione, che consegnò ai coniugi una lettera con la quale li autorizzava alla ricerca, con l'obbligo di avvisare tempestivamente il procuratore reale in caso di un eventuale ritrovamento.

Giovanni e Marianna iniziarono le ricerche, ma non è noto se queste ebbero qualche esito. I cagliaritani, fantasticando, parlarono a lungo del rinvenimento di un gran tesoro che venne diviso tra i poveri abitanti del borgo di Sant Vendres.

Sebbene assomigli a molte leggende sui tesori

nascosti, nell'Archivio di Stato di Cagliari è conservata tuttora l'autorizzazione del procuratore reale ad avviare la ricerca all'interno della grotta.

Nel fondo della grotta, inoltre, sono presenti due cunicoli di cui non si conosce ancora l'origine. Il pavimento del sepolcro è ormai scomparso e il fondo attuale si trova cinque metri più in basso. Forse questo scavo è stato creato dai cavapietre in un periodo da accertare, probabilmente nel 1822, durante la costruzione della strada reale, ma non è escluso che si tratti di qualcosa di più antico.

In fondo a questo scavo si aprono i due cunicoli: il primo, posto davanti all'ingresso della grotta, è allagato da una pozza d'acqua sorgiva; il secondo, a sinistra rispetto all'ingresso, termina dopo pochi metri. E se fossero il risultato degli scavi dei due coniugi?

6 I RACCONTI DEI LETTORI DI CONTUSU

6.1 Gli Scridroxus

Una lettrice di Contusu.it ci ha inviato una storia relativa a un paese del Sulcis dove stranamente il nome Scridroxus non indicava il tesoro vero e proprio, bensì degli esseri fantastici custodi o portatori di ricchezze.

La storia narra le vicende di un tale Giuseppe e di sua moglie Grazia.

Una notte i due sposi stavano riposando, reduci da una lunga giornata di lavoro nei campi. All'improvviso vennero svegliati da colpi fortissimi ed ebbero l'impressione che numerose persone colpissero le pareti della loro casa con dei picconi.

Giuseppe si alzò di scatto e grande fu la sua sorpresa quando, mettendo i piedi a terra, gli parve di posarli su tantissime monete.

Accese subito la luce e i rumori cessarono di colpo. Guardò il pavimento che si presentava come di consueto spoglio. Perplesso spense la luce e si rimise a letto, ma dopo pochi minuti ricominciò a sentire i colpi, anche più forti di prima.

Stavolta fu Grazia a mettere i piedi giù dal letto e anche a lei parve di posarli sopra delle monete. Come aveva fatto il marito poco prima, accese la luce ma solo per constatare che nella stanza nulla era cambiato. Con un po' di timore i coniugi fecero un giro della casa per cercare l'origine dei forti colpi, ma la ricerca non ebbe nessun esito. I due tornarono a letto e non vennero più disturbati dallo strano fenomeno.

La mattina dopo Grazia raccontò l'accaduto a una vicina che le disse: *"Siete stati stolti! Quelli erano gli scridroxius che volevano portarvi dell'oro, ma ora non avrete niente! Avreste dovuto farli scavare senza disturbarli!"*

6.2 Il tesoro del nuraghe

Un'altra lettrice ci ha inviato una storia che le era stata raccontata da sua nonna.

Lo zio della lettrice, fratello della nonna, all'età di tre anni veniva tormentato da due entità che gli si presentavano sotto forma di signori vestiti in modo molto elegante. Seguendo i due signori, fisicamente o spiritualmente in stato di trance, il bambino si ritrovava all'interno di un nuraghe all'interno del quale era posto un telaio d'oro con una dama che tesseva e, accanto a lei, una cassa piena d'oro.

Le due entità invitavano il bambino a toccare la cassa, con la promessa che il tesoro sarebbe diventato suo, ma appena il piccolo provava ad avvicinarsi, apparivano altre entità che lo minacciavano facendolo desistere.

La storia andò avanti con le stesse dinamiche sino a quando il bambino non divenne un ragazzo di vent'anni.

A quel punto le entità che accompagnavano il ragazzo all'interno del nuraghe gli dissero che, se non fosse riuscito a toccare il tesoro, avrebbe avuto molta sfortuna. Ma il ragazzo non ci riuscì neanche quella volta e morì dopo tre giorni.

6.3 La cisterna

Una delle storie inviate dai lettori del sito Contusu.it presenta una novità assente negli altri racconti: la mancanza dell'elemento rivelatore del tesoro. Il protagonista del racconto infatti si imbatte nel tesoro e nei suoi custodi senza averne nessuna consapevolezza e, di conseguenza, senza dare all'evento la giusta importanza.

Il padre del lettore che ci ha inviato questo racconto

era un muratore e, nei giorni in cui si svolsero i fatti narrati, stava lavorando alla risistemazione di una cisterna sotto uno dei conventi di Cagliari.

La cisterna era di grandi dimensioni ed era possibile accedere al suo interno calandosi con una corda, come fece appunto il protagonista del racconto.

Giunto al fondo trovò un cucchiaino d'argento e un piattino. Stupito li raccolse entrambi e, una volta fuori dalla cisterna, li mostrò a un collega che glieli chiese in regalo. Il muratore donò i due oggetti al collega.

A distanza di qualche giorno fu necessario scendere di nuovo nella cisterna, ma il muratore non arrivò neanche a mettere il piede sul fondo che venne raggiunto da una gragnola di colpi, provenienti da ogni direzione.

Egli cercò di ripararsi come poteva e guardando da ogni lato non riuscì a vedere nessuno. Udì solo una voce che gli disse: *"Hai regalato la tua fortuna, sarai maledetto!"*. Quando riuscì a uscire all'aperto era pieno di lividi.

Si racconta che il protagonista della storia continuò a lavorare, ma che non ebbe mai fortuna.

6.4 Su Suiddatu

Un altro dei racconti dei nostri lettori è molto significativo perché include tutti gli elementi caratteristici della ricerca di un tesoro.

La protagonista del racconto, che ci ha inviato questa storia, viveva in una zona della Gallura nella quale i tesori nascosti sono chiamati suiddati. Una sua parente ereditò dal marito un vecchio stazzo con svariati ettari di terra circostanti; un posto meraviglioso tra cave granitiche nel quale si trovava anche un'antica abitazione risalente al 1800.

Un giorno, mentre svolgeva il proprio lavoro presso la sua abitazione, la vedova ricevette la visita di una cliente e, tra una chiacchiera e l'altra, venne menzionato il vecchio stazzo ereditato. La cliente era una medium e riferì alla vedova della presenza di un tesoro posto sotto il camino della vecchia abitazione.

La vedova raccontò quanto aveva appreso alla nostra lettrice, ma entrambe restarono scettiche benché la descrizione della medium fosse ricca di dettagli. Spinte dalla curiosità presero accordi con la medium e si misero in viaggio verso la casa ereditata.

Arrivati nel podere, calò una fitta nebbia che rese difficile scorgere la casa; tale evento era molto insolito perché prima che oltrepassassero il cancello di ingresso al terreno splendeva il sole.

La medium entrò subito in contatto con le entità che erano a custodia del tesoro e iniziò a scrivere parole in dialetto sardo su un foglietto di carta. Le altre due donne notarono con grande sorpresa che le parole sul foglietto erano scritte al contrario.

I custodi fecero le loro richieste che la padrona di casa esaudì senza problemi. Le loro indicazioni erano ricche di dettagli sui giorni e gli orari esatti in cui si dovevano compiere certe azioni, spingendosi fino a specificare il tipo di vento che avrebbero trovato in tali giorni.

I custodi menzionarono anche diversi nomi di vecchi abitanti dello stazzo. Così la nostra lettrice, scettica per natura, decise di visionare le carte al catasto alla ricerca di eventuali conferme. Con sua grande sorpresa scoprì che i nomi indicati appartenevano a persone realmente esistite.

Seguendo le indicazioni dei custodi, le donne iniziarono a scavare sotto il camino, e si resero conto di avere in quel momento una forza quasi disumana che consentì loro di sollevare grosse lastre di granito con le loro braccia, senza ricorrere ad altri attrezzi.

Al principio le donne erano accompagnate da un ragazzo, ma i guardiani del tesoro comunicarono tramite la medium che la presenza del ragazzo non era gradita.

Un giorno le donne si recarono alla vecchia casa con un rilevatore di metalli, che segnalò la presenta di oro. Ripresero dunque a scavare di gran lena fino a quando intravidero una massa luccicante che però subito dopo sparì.

A quel punto la medium iniziò a urlare dichiarando di aver perso la vista e invitò le due donne ad allontanarsi immediatamente dallo scavo. Scapparono il più velocemente possibile ma, arrivate in prossimità del cancello del podere, un cavallo imbizzarrito sbarrò loro la strada.

La medium riacquistò la vista e riuscì a ristabilire il contatto con i guardiani che le intimarono però di abbandonare l'impresa, pena la vita.

Qualche tempo dopo, mentre si avvicinava il periodo della vendemmia, un amico delle donne fu incaricato di risistemare il camino della casa per renderlo fruibile.

Quando entrò nella casa, vide un enorme topo appeso con una corda al camino e lo spavento fu talmente grande che scappò a gambe levate.

Dopo varie peripezie, il camino venne comunque sistemato, ma subito dopo la padrona dello stazzo contrasse una rarissima malattia che la condusse alla morte in breve tempo.

Il ragazzo, la cui presenza agli scavi era sgradita ai custodi del tesoro, cercò in seguito di recuperare le ricchezze per conto proprio, ma anche lui fece una brutta fine.

Si narra che il tesoro si trovi ancora oggi sepolto sotto il camino del vecchio stazzo, tuttora oggetto di aspri litigi tra gli eredi.

7 ALLEGATO A

Toponimi indicanti luoghi presunti nascondigli di tesori sepolti, relativi a monumenti megalitici e località della Sardegna.

Tomba dei Giganti Su Scusorgiu - Baunei
Nuraghe e Tomba dei Giganti Su Scusorgiu - Gesturi
Tomba dei Giganti Sa perda de su Scusorgiu - Buggerru
Nuraghe De su Schisorgiu - Santadi
Nuraghe Su Siddadu - Sindia
Tomba dei Giganti Su pranu de su Scusorgiu - Villagrande Strisaili
Nuraghe Su Siddadu - Suni
Nuraghe Su Siddadu - Alghero
Nuraghe Su Siddadu - Olmedo
Nuraghe De su Schisorgiu - Piscinaas
Fortezza nuragica Su Tesoru - Tergu
Nuraghe Su Siddau - Pozzomaggiore
Nuraghe Su Scusorgiu - Arzana.
Pozzo sacro su Posidu ad Alà dei sardi
Nuraghe s'Iscusorgiu - Orani
Nuraghe s'Iscusorgiu – Mamoiada
Nuraghe su Tesoro - Castelsardo

Anche alcune zone prendono il nome da questi fantastici tesori:

S'iscusórgiu di Biristéddi, S'iscusórgiu Lotronidda, S'iscusórgiu sa Serra, S'iscusórgiu Lortéi - Dorgali
Località su Scusorgiu - Villassor, in cui son state rinvenute strutture di epoca nuragica.
Località su Scusorgiu - Gesturi
RiuScusorgiu - Cardedu
Punta su Siddadu - Montresta
Iscia de su Siddadu - Alghero
Arzola de su siddadu - Esporlatu ed Illorai
Ovile Su Siddadu - Padria
Monte Siddadu - Semestene
Bruncu S'Iscusorgiu e Conca de Su Scusorgiu - Sinnai
Funtana de Su Scusorgiu - Jerzu
Punta de Lu Tesoru - Castelsardo
Zona s'Ascusorju - Urzulei
Punta del tesoro - Stintino